LES RÉVOLUTIONS

DU PAYS DES GAGAS

Tiré à 200 exemplaires.

LYON. — IMPRIMERIE LOUIS PERRIN

LES RÉVOLUTIONS

DU

PAYS DES GAGAS

PAR

M. JULES JANIN

> Voilà le résultat des discordes civiles,
> La ruine des champs, et la honte des villes.
>
> VIRGILE. — *Ire Eglogue.*

LYON

N. SCHEURING, LIBRAIRE-ÉDITEUR.

1869

AVERTISSEMENT

Nous avons réuni, dans cet opuscule, deux feuilletons de M. Jules Janin, écrits à peu de distance l'un de l'autre, et cependant faisant un seul et même livre, ou peu s'en faut.

Le chagrin qu'a ressenti ce digne fils du Forez, quand il a appris les derniers troubles de ces montagnes, où son enfance s'est passée, lui a dicté ces pages touchantes; nous les avons recueillies par reconnaissance et par respect.

A. L.

LES RÉVOLUTIONS

DU PAYS DES GAGAS

1813

I

E suis né au doux pays de Forez, sur les bords du Lignon, dans les champs de l'Astrée. Il n'y a pas ici-bas un plus grand ami de la paix et des choses pacifiques; pas d'autre ambition qu'un peu de liberté pour écrire à mon bel aise, un beau soleil en avril, un grand silence en tout temps, et le facile travail de tous les jours.

Je vais donc étonner beaucoup mes amis quand ils me verront revendiquer les récompenses des vieux soldats de la République et de l'Empire. Mais la justice et le bon droit m'encouragent à raconter, si voisin que je suis de mes derniers jours, la grande action que j'ai commise en mon enfance, et qui m'égale aux plus vaillants capitaines que la gloire aient négligés jusqu'à présent.

J'étais à peine un écolier de quatrième au lycée impérial, assez aimé et très-connu dans la petite ville où mon père exerçait la profession d'avocat, mais d'un avocat sans cause, avec une grande réputation d'éloquence et de probité, qu'il avait gagnée à discuter en plein tribunal les accusations de M. le préfet (ces préfets étaient des façons de proconsuls romains) contre les esprits, naturellement révoltés. M. le préfet les appelait ses *bêtes noires*. Pour tout dire, en un mot, mon père était l'avocat des causes perdues, et le défenseur des condamnés. Sa moindre plaidoirie attirait une foule énorme au Palais-de-Justice ; à peine il avait parlé... ses meilleurs amis se cachaient dans la foule et tremblaient qu'il ne les saluât, tant ils avaient peur d'être ainsi compromis.

Quant à plaider les belles affaires du possessoire, le contentieux riche et les héritages mal divisés entre parents qui ne sont pas unis, mon père n'y pensait guère et l'on ne pensait guère à lui. Si par hasard l'une de ces causes qui servent à la fortune d'un cabinet lui était apportée par quelque innocent, maître Honoré Humbert était le premier à lui faire observer qu'il faisait fausse route en s'adressant à l'avocat mal noté. A peine averti, le plaideur remportait son dossier en toute hâte, oubliant assez souvent de refermer la porte, et toujours de remercier le pauvre avocat de son bon conseil.

Plus d'une fois, l'*administration* trouvant ce mécontent dans son chemin... dans ses ténèbres, l'eût fait volontiers disparaître, et rien n'était plus facile en effet, mais la ville entière honorait maître Humbert pour sa résistance. Il était le descendant des meilleurs bourgeois de la province, et par sa vaillante et digne femme il tenait même aux anciens seigneurs du pays. Les pauvres gens l'aimaient, parce qu'il plaidait pour rien dans leurs petites querelles. Il défendait très bien (c'étaient ses meilleures causes) les belles femmes dans les mille questions que le divorce appelait et soulevait à sa suite. Enfin il était un des arguments dont se servaient, entre eux, messieurs les sous-préfets et messieurs les procureurs généraux, chaque fois qu'il était question du *despotisme* impérial, et de ce joug de fer qui allait s'appesantissant chaque jour sur ces têtes courbées. — Le despotisme! y pensez-vous, Monsieur?

disaient les puissants du jour. Si vous aviez entendu plaider maître Humbert à la première chambre, à coup sûr vous ne diriez pas que nous vivons sous la loi du plus fort !

Aux yeux de ces grands juges, maître Humbert était un témoignage des libertés du temps passé, de l'heure présente et (que sait-on ?) des libertés à venir.

Voilà donc ce qui l'avait fait libre au milieu de la servitude universelle (on dirait aujourd'hui la *servitude volontaire*), et pourquoi on le retrouvait sur la brèche, armé de toutes pièces, sitôt qu'il s'agissait de quelque abandonné sans espoir et sans défenseur.

Mais son vrai champ de bataille n'était pas la police correctionnelle et non pas même la Cour d'assises.

Son vrai moment commençait à ces heures plus sombres, qu'un grand poète de notre pays, Victor de Laprade, a si bien racontées dans son nouveau poème, empreint de cette antique et douloureuse situation :

Mes amis, on annonce une victoire insigne :
Vingt mille prisonniers, des princes, de grands noms,
Des fusils, des chevaux, des drapeaux, des canons ;
En un mot, l'Empereur, outre de fortes sommes,
Décrète qu'il lui faut cent ou deux cent mille hommes ;
Exemptés, libérés, anciens, nouveaux conscrits,
Tout ce qui peut marcher, dit-on, sera repris...
Tous les ans nous voyons de sinistres visages

Compter tous les berceaux, tous les feux des villages.
On fauche tous les ans nos robustes garçons
Comme l'orge ou le seigle au moment des moissons ;
On prend tout ce qui vaut, et l'on nous laisse à peine
Les impotents marqués pour une fin prochaine.....

A chaque levée en masse de ces conscrits malheureux, mon père était debout pour les recevoir et leur montrer du moins un visage charitable. Ils arrivaient, d'un pas timide et d'une main tremblante, à l'urne inexorable où s'agitaient leurs destinées. C'était alors que mon père, adopté pour leur défenseur par tous ces malheureux, disputait énergiquement cette humble proie au recruteur. Toutes les exemptions, l'une après l'autre, étaient invoquées par cet infatigable justicier. Il désignait la plaie et la tare aux yeux les plus prévenus du conseil de révision ; il soulevait toutes les objections de la naissance et de l'état civil; il invoquait toutes les misères de ces misérables : les larmes des mères, le sanglot silencieux des vieux parents, l'étonnement de ces futurs soldats, à qui pas un ne faisait l'honneur d'expliquer pour quelle cause ils allaient mourir...

II

AUTANT de scènes dans lesquelles maître Humbert jouait le beau rôle, à ce point qu'il avait toujours toute prête une aumône, afin que du moins le vieillard, dépossédé de son dernier enfant, pût rentrer dans ses montagnes désolées comme il en était sorti, moins l'espérance.

Eh bien! par je ne sais quel vice inhérent à notre mauvaise nature, et surtout par ce besoin de contradiction que le Créateur enfouit dans nos âmes à peine formées, il arrivait bien souvent qu'au fond de moi-même, insensé que j'étais! je donnais tort à l'éloquence, au courage de mon père. Evidemment, plaidant tant de causes malheureuses, il plaidait ma propre cause.

Il pensait à ma mère, à l'aspect de ces mères désespérées; il pensait à son fils chaque fois qu'un enfant débile allait prendre au faisceau un fusil avec sa baïonnette et tout l'attirail. — Hélas! pensait mon père, encore une dizaine d'années, et je verrai à mon tour mon pauvre enfant traîner dans ces chemins pleins de recrues quelque arme impuissante! Il portera, lui aussi, sur son front brisé un casque en cuir doublé d'airain!... Tout pensif, il revenait dans son logis, étudiant, pour se consoler, un discours de Démosthènes, une oraison funèbre de Bossuet. Alors seulement il oubliait les ravages de la conscription, semblable aux flots débordés, quand au loin le fleuve féroce emporte en même temps la chaumière et le château, le fiancé de la jeune fille, et le cheval hennissant sous son toit renversé.

La ville entière vivait sous cette abominable atmosphère. On eût dit que la tristesse était à l'ordre du jour, comme autrefois la terreur. Pas une chanson dans la rue et pas un instrument dans la maison, harpes, clavecins, flûtes et violons se taisaient. Seul le tambour battait : la diane au matin, la revue à midi, plus tard le couvre-feu : tambours, tambours, tambours! Rien qui jasât doucement dans l'ombre ou qui se montrât, le rire aux lèvres, au coin d'un feu réjoui. Le pain était cher, les vivres étaient rares. Partout le froid, le doute et l'abandon.

Ce fut dans l'un des premiers jours de cette année exécrable entre toutes les années de l'Empire (1813) que je fus le héros d'une aventure quasi guerrière et si brillante, que les enfants de notre famille la racontent aux enfants plus petits, sitôt que les pères et les mères de la troisième génération ont cessé de la raconter à leurs fils, qui la raconteront à leur tour.

Ce jour-là, je revenais du lycée, à midi, l'heure du dîner. Je portais l'uniforme : habit gris, culotte grise, bas bleus, guêtres de cuir, souliers vernis à l'œuf, les cheveux ras, les mains pleines d'engelures, ayant fait deux heures d'exercice : *Portez armes!* et le reste. Ah! les vilains petits garçons que nous faisions, de la sorte accoutrés. Je portais sous mon bras, avec un grand soin (c'est un respect pour les livres, que je tiens de mon père), une grammaire latine de Lhomond et le dictionnaire de Chompré.

La grammaire, en cinquante pages, contenait tout le latin que l'on pouvait apprendre en ces heures peu clémentes et si voisines de Waterloo. Dans le dictionnaire étaient renfermés les dieux et les déesses de l'ancienne fable. Hélas! en ces temps malheureux l'Evangile était oublié ; si peu de chrétiens se souciaient d'invoquer les saints et les saintes du Paradis, sourds à tant de peines! Mars, Jupiter, Vénus, Castor et Pollux l'emportaient sur les héros de la légende. La France impériale relisait les combats sous les murs de Troie et dans les champs où plus tard s'élèvera Carthage, pour se reposer des gloires sanglantes d'Austerlitz ou de Marengo.

Au moment où par la grande rue, après le marché, j'entrais dans le carrefour d'Iéna (chaque rue était un nom de bataille!), je fus arrêté par une compagnie assez mal en ordre de conscrits malheureux qui s'en allaient rejoindre, au bruit du tambour, le grand chemin de la frontière. Ils avaient encore au moins deux cents lieues à faire, et déjà leurs souliers, déchirés sur toutes les pierres, appelaient une chaussure absente. Ils n'étaient ni gais ni tristes... résignés.

Ils entreprenaient, nonchalants et si jeunes, leur première... et leur dernière course militaire. Ils avaient dit, il y a huit jours à peine, un dernier adieu à tout ce qu'ils aimaient et qui les aimait ici-bas; ils marchaient comme des ombres; les tambours mêmes avaient un bruit de l'autre monde; le son crépitant des trompettes arrivait comme s'il eût été amorti par un crêpe funèbre; ils balançaient des aigles frileux sur des bâtons mal dorés, mais l'aigle était lassé; à peine si son aile impuissante dissimulait une plaie enfin mortelle.

Les habitants, peu curieux, regardaient passer dans la ville inerte ces tristes soldats qui allaient mourir. Les vieux citoyens les saluaient comme on salue un convoi qui se dirige au champ des morts. Les enfants oubliaient de pousser des cris sur le chemin de ces *volontaires;* par ironie on les appelait ainsi.

Quand ils eurent passé, je repris ma route et je n'étais qu'à deux pas de la maison paternelle, lorsqu'en jetant un coup d'œil sur cette grande rue où le bruit même était si peu bruyant, mes regards se rencontrèrent avec les yeux superbes et pleins de feu d'un officier de cavalerie.

Il était en grand uniforme et d'un aspect magnifique, assis fièrement sur son cheval de bataille; une épaisse crinière ornait son casque brillant comme l'or; la croix d'honneur parait sa poitrine; entre les deux pistolets d'arçon était plié son manteau; de grandes bottes à l'écuyère, armées de grands éperons d'argent, contenaient son cheval impétueux.

Ainsi, l'homme et la bête se faisaient valoir l'un l'autre, et chaque passant les suivait d'un regard étonné.

L'homme alors se penchant vers moi (je portais la croix du lycée, et ma foi je l'avais oublié) : — Indiquez-moi, me dit-il, mon jeune confrère, une marchande de gants, j'ai laissé les miens je ne sais où.

A cette question très-simple, j'ouvris de grands yeux effarés, comme si l'on m'eût interrogé sur la cinquième partie du monde. — Une marchande de gants? — Oui, reprit l'officier, et pour bien faire, montez sur mon cheval... En même temps, il me prit d'une main vive, et je me trouvai bel et bien assis sur ce manteau militaire, entre les deux bras du cavalier. Pour tout dire, apprenez que pour moi cette façon d'aller n'était pas nouvelle, et que cinq ou six fois par année, au beau temps, nous allions ainsi, montés sur un vieux mulet, dans un petit village des bords du Rhône, heureux et fiers, Dieu le sait! Heureux, voilà pour mon père; fier, voilà pour moi.

— Monsieur, dis-je à l'officier, je connais en effet une marchande au bout de la ville. — Allons-y! répondit le cavalier... Et reprenant le chemin que j'avais déjà parcouru, je le conduisis par une suite de ruelles jusqu'à la boutique de Mme Antoinette Bernard, à l'enseigne du *Panier fleuri*. Arrivés chez la modeste mercière, je me laissai glisser, et j'annonçai à Mme Antoinette cette vente inespérée.

— Ah! mon Dieu, dit-elle, qu'as-tu fait, mon pauvre enfant? J'ai bien des gants pour ta mère et pour ta sœur, mais pour un officier de cavalerie, y penses-tu? Fais donc, je te prie, à ce cavalier toutes mes excuses et conduis-le sur la place Impériale, au *Gant d'or*, où il trouvera sans doute à qui parler!

III

PENDANT que j'écoutais, très-étonné, cette étrange explication, mon officier descendit de son cheval, et confiant la bride à la servante qui le regardait... émerveillée, il entra chez Mme Antoinette en courbant la tête pour ne pas briser son aigrette au plafond. Mais au moment où, de son plus beau geste, il faisait sa demande à la dame, il la vit pâlir, chanceler et tomber sur sa chaise, en poussant un grand soupir. Les larmes vinrent bientôt qui la sauvèrent du spasme, et moi je regardais cet homme de six pieds, dans tout son éclat guerrier, relevant et consolant cette humble femme désolée.

« — Ah ! c'est donc vous, disait-il, chère Antoinette Bernard, que j'ai tant cherchée ! Hélas ! je vous retrouve enfin ; je vais donc m'acquitter de mon message. » — Elle le regardait les mains tendues, ses larmes étaient séchées. — « Il est mort? cria-t-elle. — Oui, Madame, il est mort en prononçant votre nom. — Matys, m'a-t-il dit, tu prendras soin d'ôter de mon doigt cet anneau de mariage, et tu le rapporteras à ma chère femme. Elle épousait un mort lorsqu'elle consentit à m'épouser. Tu lui diras que mon cœur, depuis le jour où elle fut à moi, n'a battu que pour elle, et tu peux ajouter, mon ami, que j'ai tremblé depuis ce temps, chaque fois que le canon s'est fait entendre.

« Hélas ! sommes-nous malheureux, nous autres soldats, sitôt que nous avons une femme à défendre, et quelle cruauté de nous charger de ces chaînes légères, qui font paraître si lourdes toutes les autres ! »

Ainsi parlant, le pauvre Matys tenait dans les siennes les deux mains de la jeune femme, et il la contemplait en silence. — Il ne fallut rien moins que le bruit d'un cheval lancé au grand trot pour le rappeler à lui-même. C'était un trompette de hussards qui venait en toute hâte prévenir son lieutenant qu'il ne restait plus un soldat dans toute la ville, et qu'il fallait se hâter s'il voulait rejoindre sa compagnie à la première étape. Il ajoutait qu'il ne savait ni comment ni pourquoi la ville entière était en rumeur, mais les citoyens sortaient de leurs maisons avec des menaces, les femmes semblaient furieuses, le marché même était en feu. Le trompette n'y pouvait rien comprendre, et le lieutenant leva l'épaule à ce discours.

Cependant il fallut se séparer : « Adieu, disait-il

à la veuve infortunée, adieu! nous nous reverrons là-haut! » En ce moment, elle retrouva tout son courage, et dans un carton à part, dans l'endroit cher et sacré où elle conservait toutes les reliques de ses chastes amours, elle prit une belle paire de gants en peau de daim :

« Les voilà, dit-elle en les touchant de ses lèvres tremblantes d'une indicible émotion, les voilà! ils ont gardé l'empreinte de cette main vaillante. Il les portait le jour même où il vint me prier d'être sa femme, et je les ai gardés en témoignage de sa foi conjugale. Adieu donc, mon ami! Adieu, mon frère! et cette fois encore, une éternelle séparation! »

Au seuil de sa porte, elle embrassa, pleurante, ce compagnon d'un époux mort si jeune.

A la fin, il remonta sur son cheval, non pas sans m'avoir embrassé : — « Mon enfant, me dit-il d'une voix pleine de larmes, tu apprends de trop bonne heure, sans doute, la misère de ces guerres sans pitié; j'en suis content pour toi. Ces gloires d'un jour ne sauraient t'éblouir. A côté du courage militaire, il en est un plus utile et plus sage, le courage civil. Nous sauvons les murailles; les citoyens les défendent. La guerre est reine une heure, la liberté est éternelle. Adieu, mon fils; quand tu auras l'âge de porter les armes, la guerre à son tour sera morte, et tu seras jeune, impunément. Cependant, si tu es bon, tu traiteras comme une seconde mère Antoinette Bernard, ma sœur d'adoption. Crois-moi, tu ne saurais trouver un cœur plus tendre, une âme plus dévouée, une plus digne sœur de ta mère. » A ces mots, il partit au galop du côté de la Ricamarie, un des berceaux du peuple Gaga! Son trompette avait peine à le suivre, et l'un et l'autre ils eurent bientôt disparu dans cet embranchement du sentier de traverse par lequel on abrégeait de moitié le grand chemin qui menait à la halte où ses conscrits mangeaient leur pain noir

Restée seule, la dame essuya ses larmes, puis, assise à l'extrémité de son petit comptoir : « Vous avez bien entendu, dit-elle en touchant de sa belle main ma tête tondue, la recommandation du lieutenant? — Oui, Madame! — Et vous m'aimerez comme il a dit que vous m'aimiez, et vous raconterez toute cette aventure à madame votre mère afin qu'elle m'aime à son tour et que vous soyez mon fils! »

Je l'embrassai de toutes mes forces; je sentis qu'en cet instant s'en allait l'enfance, et que demain la jeunesse allait venir.

IV

Je repris le chemin par lequel nous étions venus, le lieutenant Matys et moi; mais, pressé par la faim, je m'aventurai sur les glaçons de notre ami et laborieux compagnon le Furens..... Quiconque est baptisé dans les eaux du Furens sera simple, honnête homme et fidèle. Le petit ruisseau conduisait justement sur les confins de la Grande Place. Il était, dans les beaux jours, la grâce et l'ornement de ce coin de terre où fleurissaient, au printemps, quatre ou cinq tilleuls, renversés plus tard par l'orage. En hiver, quand le froid était tolérable, les enfants venaient glisser sur le Furens, même il était rare qu'on n'y trouvât pas quelque désobéissant à la volonté maternelle.

Il était bientôt deux heures, et la rivière était déserte. La place, en revanche, était remplie, et se remplissait à chaque instant d'une foule inquiète, agitée; elle hurlait, elle pleurait. Tout à coup la voilà qui se tourne de mon côté; moi cependant j'arrivais par une belle glissade à la terre ferme... En ce moment tous les yeux brillaient, toutes les mains étaient tendues. Un immense cri de joie : « Ah! le voilà! voilà l'enfant volé! voilà l'enfant perdu! » s'éleva de ces poitrines haletantes, et ce fut à qui me viendrait prendre au bord de ce sentier glacé.

La ville possédait en ce temps-là le roi des tambours, le grand Thévenon, qui dépassait, de toute la tête, les plus grands hommes de la cité. Son panache ondulait au-dessus des crinières les plus hautes, et touchait aux étoiles. Quand il m'eut vu, Thévenon le géant fut près de moi en trois enjambées, comme un autre Ajax, et, me posant sur sa large épaule, il m'offrit aux respects de la ville entière.

Alors les femmes s'approchaient et me baisaient les mains, disant : « Ces méchants soldats t'ont relâché, pauvre petit! » Les hommes ôtaient leur chapeau pour saluer le *fils de l'avocat;* toute la terrasse du *Café de Madrid* jetait sur mes pas des papillotes et des marrons; mes camarades, oublieux de l'école et contents de ce jour de vacances inattendu, criaient : Vivat! Quatre ou cinq gardes nationaux restés au poste, où ils se chauffaient, sortirent, et me portèrent les armes, en dépit du caporal, qui disait que c'était violer toutes les lois militaires.

Ainsi je fus porté jusqu'à la maison de mon père. Il

me croyait perdu. Il se figurait que le grand prévôt de l'armée avait, par vengeance, enlevé le fils du défen seur des conscrits. Eh! le brave homme, il avait eu non moins de peine à contenir sa douleur, que sa joie.

Il me vint recevoir dans la rue, accompagné de mes frères, de mes sœurs, de nos deux clercs et de Jeanneton, la servante, qui se jeta au cou de Thévenon... Thévenon se laissa faire. Il s'en fallut de très-peu que le clocher s'en mêlât, et que le tocsin annonçât à la Samaritaine le retour de l'enfant prodigue. Ah! quelle émotion!

On avait cru dans toute la ville que tout au moins ce capitaine à cheval avait emmené le jeune Humbert pour en faire un trompette de sa compagnie.

Voilà comment, moi aussi, je puis dire avec le général Lafayette : Amis, ne me pleurez pas, j'ai eu mon jour! Quel mortel ici-bas parmi tant de millions de consciences, éternellement changeantes, pourrait se vanter d'avoir son jour?

Depuis ce temps-là, ma chère cité natale, vous ne m'avez pas donné signe de vie, et de tant d'heures passées loin de vous avec l'ardeur de vous plaire, vous ne m'avez pas même accordé une seule minute ; au contraire, hier encore, ai-je rencontré le mauvais vouloir de vos employés subalternes.

Pourtant rien ne saurait m'acquitter envers vous. Dans mes instants de fatigue, sans cesse et sans fin, je reviens à cette heure unique où, me croyant enlevé par les soldats de l'Empereur, vous ressentiez jusque dans vos moelles une aussi grande colère que si l'ennemi vous eût ravi le palladium de votre cité.

Voilà le récit très-exact de mes *conquêtes et victoires*, j'en ai gardé fidèlement la haine des batailles et la plus profonde horreur du sang répandu. Jusqu'à la fin je veux être un bonhomme, et je mourrai comme j'ai vécu, sans trompettes ni tambours.

Tels sont mes premiers souvenirs; je les ai conservés fidèlement dans le trésor de ma mémoire; en effet, cette agitation de la grande cité, à propos d'un enfant qu'elle croyait perdu, est restée pour mon cœur un grand sujet de reconnaissance.

En remontant dans les histoires, vous trouverez que ce fragment de la terre de France fut le *soulas* des bonnes gens : « Tãt pour y eſtre l'air ſerain, altrenpé, le païs fort riche & abõdãt en toutes choſes, qu'auſſi pour avoir en ſoi le peuple le plus courtois, benin & affable que natiõ qui ſoit ſoubz le cercle de la lune. »

Ainsi parlaient nos anciennes histoires sous le bon roi Louis douzième. Hélas! plus d'une fois, le doux pays de Forez fut semblable à la pauvre Mantoue, au temps de Virgile, quand la guerre civile avait tout bouleversé.

Undique totis
Usque adeo turbatur agris.

1869

I

PERMETTEZ cependant, après ce rude et cruel espace d'un demi-siècle (et bien compté!), que je vous ramène en la *cité dolente*, à Saint-Etienne, objet touchant de la sympathie et de la curiosité de l'Europe.

On l'appelle assez volontiers, et sans comparaison avec la Rome éternelle : « la ville aux sept collines. »

Si par un beau dimanche, à l'heure où se repose un instant l'épais nuage et la fumée ardente de la houille, il vous était permis de contempler le vaste espace, votre premier soin, pour peu que vous apparteniez à cette laborieuse nation, serait justement de chercher le lieu de naissance et de repos d'un tout petit peuple enserré et perdu dans la grande cité.

Bonnes gens, amis de l'ordre et du travail, croyez-moi, saluez la cité des Gagas.

Encore aujourd'hui, dans les faubourgs de Rome, ces Transtévérins qui passent pour les Romains véritables, et semblable à ces *salés de Bourgogne* dont pas un ne sait l'origine, un Gaga, chez nous, est un être à part dans la cité, il est le descendant direct de ces anciens Gaulois et forgerons, fils du Cyclope que Théocrite a chanté. Voilà pourquoi ce mélange heureux de poésie et de rudes travaux, ce bruit sonore et charmant de marteaux et de chansons; tant de poètes et de forgerons; des femmes si vaillantes, également habiles à filer la laine de leurs moutons, à repasser sur la meule pleine d'éclairs ces lames du couteau à deux sous : l'*eustache*.

Lorsqu'à son retour du Paris éblouissant, où il avait vu face à face les gloires du XVIIIe siècle : Buffon, J.-J. Rousseau, Diderot, Voltaire enfin, comme on demandait à Francklin ce qu'il avait vu de plus étonnant dans toute la France? Il répondit : C'est un couteau de deux sous, qui se fabrique au bord des fontaines, dans le Dauphiné.

Race innocente et laborieuse; ignorante aussi; contente de peu, vivant de rien. Parmi ses dieux, quand le monde appartenait aux divinités d'Homère et de Virgile, elle comptait le Furan ou le Furens, le plus laborieux petit ruisseau qui ait jamais été l'exemple et l'honneur d'un peuple de forgerons et de laboureurs.

Il prend sa source à l'ombre des mélèzes, et tout d'abord l'onde fraîche, et tombant en cascatelles dignes de Tivoli, roule et bondit sur des rochers luisants. Le chasseur même aurait peur de franchir ce ruisseau plein de fête; hélas! bientôt voilà le ruisseau jaseur converti en vrai manœuvre : il scie, il forge; il travaille à la soie, il est teinturier; sa grande vertu est de donner au fer la trempe, et le fil à l'acier.

Qui donc oserait comparer les bonnes lames de Tolède, si chères à l'ancien mélodrame, à la plus simple baïonnette où le Furens a laissé son empreinte? A chaque pas on lui demande un service; à chaque tour de roue, et sans effort, il va, suivant son chemin, de la prairie au vallon, s'arrêtant à peine à quelque ancienne ruine du temps des huguenots et du baron des Adrets, dont le nom seul est encore une épouvante.

Les monts en ont flechy, les valons en fonoient,
Les oyſeaux eurent peur, les échos s'eſtonnoient,
L'herbe fanna ſes fleurs, les ſources ſe perdirent,
L'écho doubla ſes plaints, les foreſtz en gemirent,
Et nous euſmes l'effroy d'un plus grave tourment...

Demandez au vieux château de Rochetaillée, écho

de ces lamentations, si celles d'aujourd'hui sont moins amères? Au sortir de Valbenoîte, le torrent a gardé le souvenir de ces temps misérables. Le Furens quitte en hâte ces murailles brûlées, puis, joyeux, il disparaît dans le vallon de la Fouillouse. O brave homme de ruisseau, te voilà quitte enfin de tant de labeurs!

Cependant le voyageur pensif sur les ruines de Rochetaillée, à son gré, peut envoyer son verre dans le Furens qui le porte à l'Océan, ou dans le Janon, rivière oisive et fluette qui disparaîtra tantôt dans le Rhône, et portera ta coupe, ô roi de Thulé! dans la Méditerranée éclatante : *Il était un roi de Thulé.*

Ces Gagas, nos pères, ce qui représente une grande noblesse, étaient de bonnes gens retranchés dans leur petit village aux gais murmures du fleuve paternel. Humble était la maison dans le champ clos d'épines qui fleurissaient au printemps; en cet enclos plein d'herbe et de cris enfantins, vivaient de bonne amitié la chèvre et la vache et le porc, espoir de la morte-saison et du Carnaval à venir!

L'oiseau gaga jouait et chantait avec les enfants, ses petits cousins.

> Tous ces philomenins à l'organe friant,
> Lynotz-fifre-fonantz, calendres, pafferelles,
> Pinfons, merles joyeux, humides chanterelles.

Si les Gagas primitifs étaient laborieux, ils ne travaillaient pas tous les jours ! Pleins de conscience, ils fêtaient glorieusement la fête de tous les saints, tantôt les dieux anciens, les vieux cyclopes leurs parents, tantôt le Dieu de l'Evangile Et ce n'étaient pas ceux-là, non certes, qui se fussent plaints que Monsieur le curé « d'un saint nouveau chargeât son prône. »

Ils aimaient la danse et les chansons; chansons, contes, satires et les joyeux devis sur le pas de leurs porte en été, au coin d'un bon feu en hiver. Leur poètes s'appelaient (ils les savent par cœur) Chapelon (trois Chapelon poètes gagas), Thiollière, Noël Pointe, Baudin, Boyron, de Roquille, Savel, Condamin, Tivet, Moullard, Linossier, Babochi, les ancêtres du feu Conseil municipal. C'est ainsi que les Gagas avaient leur pléiade à l'heure même où vivaient Joachim du Bellay et le grand poète Ronsard.

Leurs fêtes étaient nombreuses et charmantes; on y venait à six lieues d'alentour; toutes ces joies s'appelaient d'un seul mot qui dure encore; on disait la *vogue* (le mot a passé dans la langue française), et chaque *vogue* était *dénoncée* au son des trompettes, des flûtes douces et des tambourins. Les fillettes dansaient que c'était une bénédiction ; les Gagas buvaient que c'était une résurrection. Les gentilshommes invités par ces bonnes gens les aimaient comme de grands enfants.

Si contents de vivre et de si belle humeur, ils ne savaient rien au-delà de leur bourgade. « C'est seulement d'hier, disait un voyageur, qu'ils ont appris la destruction de Carthage et le ravissement d'Hélène ! »

En revanche, ce bon peuple avait encore à la lèvre le goût de ce vin savoureux et bien portant. Les vignerons de Dijon disaient : *faire ripaille;* ils ne savaient pas, ces doux ignorants, non plus que les savants, l'origine du mot *ripaille !*

II

Les Gagas n'étaient pas un peuple, ils étaient une famille ; ils s'appelaient mon frère *(fré-rou)*; ils reconnaissaient deux rois : d'abord leur grand-père *(lou ré-pare-grand)*, et puis le roi de France. Ils se rappelaient très-bien que S. M. le roi Louis XIV les avait exemptés *(Rodrigue, qui l'eût dit?)* de la milice et du bruit du tambour. Eux-mêmes, ils avaient décidé que pas un étranger ne serait admis, sans leur permission, à profiter des privilèges et des immunités du Gaga. Ils offraient leur hospitalité à tous les braves gens, mais en faire des concitoyens, c'était impossible. Une ancienne églogue à l'accent virgilien (ce n'est pas trop dire) attesterait au besoin la répulsion des anciens Gagas pour toute espèce de nouveauté :

CORIDON.

Nous ne cherchons vos biens, ny vos bestes aussi,
Pour les vous enlever : pasquiers, herbe, fourrages,
Nous ne vous demandons terres ny héritages,
Maisons, parcs ou vergers, dont vous prenés le fruict.

THEMIS (*une bergère*).

Nous ne cherchons le pis du laiſt qui vous nourrit,
Les ſources de vos eaux qui vous baignent vos prées,
Vos jardins roſe-clos, vos vignes dia-prées.

AMARYLLIS.

Nous ne voulons vos boys, où le porc ſe ſoulant
S'engreſſe à vos ſaiſons aux eſchentes du gland;
L'umbrage ou le midy, où vos agneaux ſomeilhent,
Les ruches de la cire où vos mouches abeilhent.

CORIDON.

Nous ne voulons priver, en ces ruſticités,
Votre agreſte ſéjour de ces commodités,
C'eſt le bien de vos pairs, de race en ligne droiſte.

PARIS.

Nous ne vous demandons qu'en grace de retraiſte,
Un ſite en plein dezert, d'un ſeul angle, à l'écart,
Qui vous ſoit in-utile.

THEMIS.

Oh ſi petite part,
L'eſtroiſte portion que garde votre Terme,
Pourveu qu'au bord des eaux, en un cillage ferme,
Il ſoit umbré d'un orme, ou d'un cheſne plus haut,
Bergers, nous voyla bien, c'eſt plus qu'il ne nous faut...

Touchante et vaine prière! Il était aussi difficile d'inscrire son nom au village des Gagas, que sur le livre d'or des patriciens de Venise.

Il n'y a pas vingt ans, qu'un vieux Gaga centenaire, voyant travailler avec tant de peine et de labeur les enfants de ses enfants, disait en levant au ciel ses mains vénérables : Ah! *beau saigne* (un mot du pays, c'est notre siboleth), on vivait de mon temps à la clarté du jour; nous trouvions le charbon sous la bêche, et c'était tout au plus si nous voulions le ramasser. *O marounâ!* c'est-à-dire ô misère! ô plainte! ô murmure! *marounâ!* Le vieux poète Chapelon l'a très-bien dit :

Les grands et les petits, sans se porter guignon,
Vivaient chacun de peu, de pair et compagnon.
Nous étions tous amis, pas de proéminence,
Tous heureux, tous mêlés, barons et pairs de France (1).

Mieux encore, ce regret qui va grandissant toujours : le vin pour rien, le pain à bon marché, des chemises sur tous les buissons, des violons tant qu'on en voulait :

Vou çai fasit bê veire
Couratâ lous violouns pâ toute le charreire.
Lou pain, lou vin, la via, tout èra boun marchi...

Les bonnes gens, les gens heureux!

---

(1) Lous grands & lous petits, sen se pourtâ guignoun,
Se tratavount chacun de pair & coumpagnoun;
Tou èra bouns amis : pas de préminenci;
Tous se mélave ensien...

Un poète gaga (ou du moins il avait bien mérité le droit de cité sur les bords du Furens), Charles Nodier, gaga par l'esprit, la bonne humeur et le sourire, a retrouvé chez un vieux tabellion le testament de l'un des plus riches habitants de ces contrées que l'on dirait taillées dans un pli de l'Astrée, et le bon Nodier, plein de joie et d'orgueil de sa trouvaille, écrivait pour la postérité ce testament qui représente à peine en son entier une pièce de six blancs :

« Moi, Loys Bissoton, étant sain de corps et d'es-
« prit, *je laisse* à mon cousin Bissoton une belle
« carte de mes lods, fiefs et alleus, s'il parvient à les
« découvrir ; au docteur Gèrentet, le fond de ma
« bouteille à l'encre ; à la marquise de Chiappa-
« pomposa, une sonnette fêlée qui n'a point de bat-
« tant ; à Benoîte Arnoux, un mors de bride usé au
« milieu, et incomplet de ses deux bossettes, que j'ai
« eu la sottise d'échanger sur le quai de la Ferraille ;
« au sublime Mistigri, un petit bonhomme Godenot
« en bois de sureau, long de deux pouces trois lignes,
« avec son habit de papier vert, pour en faire une
« espèce d'académicien ; à Popocambo, la meilleure
« de mes deux pantoufles, mais qui diable lui en
« donnera la semelle ? à François Boucherat, la rose
« sèche que je détachai de sa tige, en la frappant du

« pied, dans un mouvement de sensiblerie auprès du « *Rocher des Aveugles*; — *item*, quelques plumes de « la dernière mue de ce fameux lori rouge et vert « qui savait quatre pages et une demi-douzaine de « rubriques; s'il n'était pas mort d'indigestion, il eût « fait un grand avocat; *item*, la brochette dont je « m'étais servi pour élever le merle surprenant de « Jeannette, qui disait : *Je vous aime!* comme Jean- « nette, et qui l'oublia moins promptement qu'elle; « *item*, trois graines du réséda que Lubin avait don- « nées à Lubine; *item*, le fétu qui devait arrondir le « nid de mon hirondelle, mais elle ne se souciait plus « de son nid, l'orage qui cassa notre dernière vitre « avait tué ses petits!...; *item*, un pepin de la poire « que mordit ma chère Thérèse un moment avant « d'expirer, en me disant : « Théodore... j'ai encore « soif; » *item*, l'épingle dont se piqua Justine pour « écrire de son sang qu'elle m'aimerait toujours; *item*

Donne à l'*Eloy*, téy petis hauts coulets
Que sont un pô piassis, maque sont rigoulets;
Une franda à paliat et se bounis galoches
Par faire lou lutin en tricotant le cloches.

Or Nodier, remplaçant ce doux patois par son savant langage, si voisin du grand siècle, croyait bonnement que son imitation était une traduction.. Les jeunes Gagas qui sont de leur siècle, hélas! ont accepté l'imitation de Nodier.

Dans sa description raisonnée d'une jolie collection de livres, au numéro 450, Nodier a parlé d'un livre gaga, *le Traité du riz*, imprimé chez Jean de Tournes, et par cette heureuse découverte a payé son droit de cité dans la chère bourgade.

Avant lui, Jean-Jacques Rousseau, dédaigneux pour la première fois, fut assez maladroit pour ne pas visiter ces Gagas qui l'auraient si bien reçu; lui-même, il reconnaît sa faute à demi dans les derniers livres de ses *Confessions* : « Je suivais, disait-il, la route du « Forez; en causant avec mon hôtesse, elle me raconta « que le Forez était un pays riche et plein de ressour- « ces. Les forgerons sont nombreux et travaillent fort « bien en fer. Cet éloge calma tout à coup ma curio- « sité romanesque, et je ne jugeai pas à propos d'al- « ler chercher des *Dianes* et des *Sylvandres* chez un « peuple de forgerons. La bonne femme qui m'en- « courageait de la sorte m'avait sûrement pris pour « un garçon serrurier. »

Jean-Jacques était bien difficile en ce moment. Sans vouloir mépriser personne, on ne saurait nier que les horlogers de Genève se pussent comparer aux rudes forgerons de Saint-Etienne. Encore un pas, l'auteur des *Confessions* eût rencontré sur son chemin Mlle Pamphile ou la belle Euryante, honneur de ces hameaux; même on a conservé le *Réveil d'Euryante* que n'eût pas dédaigné Alfred de Musset, quand il écrivait sa charmante chanson :

Assez dormir, ma belle;
Ta cavale isabelle
Attend sous ton balcon.

La chanson du poète gaga vaut celle-là, tout au moins :

Ninfe, leves-vous donc, au iour qui vous ſemond,
Aux devoirs diligens que les Grâces vous font.
L'une de cent bouquets fleur-odore ces chambres,
L'autre vous reveſtit des creſpines de Cambres,
En fil delitieux ſi douilhet & ſi floux (1),
La poiſtrine, le bras, la jambe & le genoux.

Pauvres Gagas de l'âge d'or, qu'êtes-vous devenus? Tout au plus de malheureux mineurs enfouis sous la terre! Bergers perdus dans les abîmes! Ils étaient heureux et libres, et charmés du bruit de leurs fontaines; ils aimaient l'enclume en cadence frappée; ils voyaient entrer dans la forge entr'ouverte le soleil, le gazon,

(1) Rubans de soie.

l'espérance; ils étaient les rois du monde; ils forgeaient les armes glorieuses qui gagnaient la bataille de Rocroy, la bataille de Fontenoy, et sauvaient la France à Denain.

Nous travaillons, disaient-ils, pour Condé, pour Catinat, pour Luxembourg; plus tard, ils ont travaillé pour sauver la République. Ils ont gagné la bataille d'Austerlitz. Ils ne se doutaient guère un jour qui n'était pas loin, que le fusil de Saint-Etienne serait remplacé par des mécaniques... Donc ils battaient le fer, très-contents... mais leurs beaux jours étaient passés.

III

Les Gagas d'autrefois étaient vaincus et dégradés depuis l'an de grâce et de liberté 1789. Voici comment : Le jour même où furent proclamés les droits de l'homme (ô jour de gloire éternelle !), il y avait à la boutonnière du roi de France, à côté de la croix de Saint-Louis, une petite fleur assez laide... c'était la fleur de la pomme de terre, gardienne et nourrice des nations modernes.

A la même heure, entrait et se garait sous les murs des Tuileries une simple barque où ces mineurs imprudents avaient hasardé deux ou trois tonnes de houille, et le même soir chacun disait : Savez-vous quelle fleur le roi portait à sa boutonnière ? Ou bien : on affirme que cette houille est un charbon ; un savant ajoutait en façon de racine grecque :

Carbo je brûle, et l'escarboucle en vient.

Alors les plus curieux et les plus courageux remportaient un fragment de cette étrange curiosité, sans se douter que cette terre noire enfermait une révolution, comparable à la Révolution française. *Ah! lou Gagas*. Les hommes puissants et laborieux!

Mais, sitôt que le monde eut compris la force et la valeur de cet élément nouveau dans l'industrie des peuples, sitôt que la houille eut dompté le fleuve, aplani la montagne et comblé la vallée, et quand elle eut démontré que le Furens, ce pieux travailleur, n'était qu'un enfant, comparé au charbon de terre, *ah! paurou Gaga!* Malheureux forgeron, il fallut renoncer à ce travail séculaire. Dans ces flots mêmes où parfois tu ramassais des parcelles d'or, dans ces lieux charmants : Firminy, la Ricamarie, Champ-Noir et Terre-Noire, où le charbon se trouvait à la surface, il fallut creuser des puits sans nombre.

Adieu le bois sacré! les douces rivières : Garon, Ozon, Gier, Dourley, Langonan, Guizey, Cotatey, la Cémène, Janon!... (Janin *en vient*.) La houille a remplacé la fleur, le fruit, les troupeaux. Les vieux chênes sont tombés, les frais jardins sont couverts de poussière.

Aux lieux mêmes où chantait le Gaga, fils du soleil, le gai soleil des forgerons, nous ne rencontrons que des malheureux, armés d'une pioche, éclairés d'une lampe antique et se précipitant chaque matin dans les abîmes où le grisou (un mot de Gaga), l'inondation, les éboulements, une corde qui casse, un frein qui se brise, autant de morts, d'orphelins, autant de veuves, toujours des misérables. Pendu, brûlé, noyé, écrasé.

Hélas! tant de malheurs sur les confins de l'Astrée, au bruit nonchalant du Lignon, si près des jardins dessinés par le rêveur Anne Durfé, sur la lisière de ces prairies toujours vertes où se promenait Céladon entre Diane et Sylvandre, aux chants alternés d'Elamire et d'Amarillys.

Les anciens Gagas avaient bien prévu que ce peuple infortuné paierait si chèrement les progrès de l'avenir. Il faut les voir, disaient-ils, cheminant dans leur profonde et ténébreuse vallée où midi n'a jamais pénétré; on croirait qu'ils sont nés dans ces cavernes.

Grand Dieu! à l'aspect de tant de misère et d'abandon, ne dirait-on pas que leurs poètes, aussi bien que leurs historiens n'ont point voulu les laisser sans espérance, et qu'ils ont fait, à leur intention, ce beau cantique dont voici le dernier couplet :

Allés, couples benins, qu'un fainɛt amour allie,
Le Seigneur vous béniſſe & vous re-multiplie;
Si vous vivés unis, en l'Egliſe de Dieu,
Je vous iray querir, pour germer en ce lieu,
Vertumne le gailhard, Pomone la fruiɛtière,
Flore, dive des fleurs, ſiringue foreſtière,

Je reſſuſciteray le père des raiſins ;
Ceres donrra, ſes bledz; Bacchus fondra ſes vins ;
J'eſlogneray de vous les langueurs de la peſte ;
Et pour vous préſerver de la guerre moleſte,
Soubz le clein du vainqueur des traytres diſſipés
Je vous re-planteray l'olive de la paix,
Dont ſera le Foreſtz la plaine limitée;
Allons, ſonnez tout haut, trompettes d'Amalthée !

Virgile était moins consolant quand il disait : « Astrée est retournée au ciel, sa patrie ! »

Que les temps sont changés? quelle misère a remplacé cette existence heureuse! Et les tristes complaintes qui font oublier à nos pauvres Gagas leurs plus vives chansons :

Bergers, quittez vos logettes,
Profitez du beau jour ;
Sur le son de vos musettes
Entonnez tour à tour :
Bergers, quittez vos logettes,
Profitez du beau jour.

Hélas ! aujourd'hui plus de bergers, mais des orphelins... La chanson des orphelins :

Iquetou tiou n'éy que misera,
Et surtout pour lous orphelins ;
Ils entront dedins lour galèra,
Quand éy l'ant pardu lours soutins.

Ce fut dans l'an de misère et de malheur 1562,

que les protestants et les catholiques apportèrent tous les malheurs de la guerre, en ces beaux pays, si voisins du pays de l'*Astrée*. Huit cents catholiques, hommes, femmes, enfants, furent impitoyablement égorgés dans cette guerre où Loys Papon, le poète, racheta sa vie à prix d'argent.

Quelle épouvante et quelle indignation! Le poète en a laissé le souvenir dans une de ses plus touchantes élégies. Après avoir raconté (triste présage!) que les enfants avaient payé leur tribut au baron des Adrets, dont le nom seul est une malédiction, il essayait de consoler ces pauvres misérables.

AMARYLLIS.

Pluftoft cruellement,
Vierges-Mortes aux feus, par le glaive alemand,
Nos âmes dans le ciel fuffent pures hofties.

Tant il est vrai que le poète est un devin, et que tout recommence, hélas! de ce qui est arrivé déjà.

www.ingramcontent.com/pod-product-compliance
Ingram Content Group UK Ltd.
Pitfield, Milton Keynes, MK11 3LW, UK
UKHW021035180726
13838UKWH00004B/1818